Eugen Roth
Ein Mensch

Eugen Roth

Ein Mensch

Heitere Verse

Eugen Roths *Ein Mensch* erschien erstmalig
1935 bei Alexander Duncker, Weimar.

2 3 4 5   10 09 08 07 06

ISBN-10: 3-7254-1430-0
ISBN-13: 978-3-7254-1430-7
© Sanssouci im Carl Hanser Verlag, München 2006
Einbandgestaltung: Nani Alisa Sieber, München,
unter Verwendung eines Motivs von Philip Waechter
Satz im Verlag
Druck und Bindung:
Memminger MedienCentrum AG, Memmingen
Printed in Germany

Ein Mensch erblickt das Licht der Welt –
Doch oft hat sich herausgestellt
Nach manchem trüb verbrachten Jahr,
Daß dies der einzige Lichtblick war.

Abenteuer und Eulenspiegeleien

Der Ofen

Ein Mensch, der einen Ofen hat,
Zerknüllt ein altes Zeitungsblatt,
Steckt es hinein und schichtet stolz
Und kunstgerecht darauf das Holz
Und glaubt, indem er das entzündet,
Die Hoffnung sei nicht unbegründet,
Daß nun mit prasselndem Gelärme
Das Holz verbrenne und ihn wärme.
Er denkt mit Kohlen nicht zu geizen,
Kurzum, sich gründlich einzuheizen.
Jedoch, aus seines Ofens Bauch
Quillt nichts als beizend kalter Rauch.
Der Mensch, von Wesensart geduldig,
Hält sich allein für daran schuldig
Und macht es nun noch kunstgerechter.
Der Ofen zieht nur um so schlechter,
Speit Rauch und Funken wild wie Fafner.
Nun holt der Mensch sich einen Hafner.
Der Hafner redet lang und klug
Von Politik und falschem Zug,
Vom Wetter und vom rechten Roste
Und sagt, daß es fünf Reichsmark koste.
Der Mensch ist nun ganz überzeugt,
Dem Ofen, fachgemäß beäugt
Und durchaus einwandfrei befunden,
Sei jetzt die Bosheit unterbunden.
Um zu verstehn des Menschen Zorn,
Lies dies Gedicht nochmal von vorn.

Hilflosigkeiten

Ein Mensch, voll Drang, daß er sich schneuzt,
Sieht diese Absicht schnöd durchkreuzt:
Er stellt es fest mit raschem Fluch,
Daß er vergaß sein Taschentuch.
Indessen sind Naturgewalten,
Wie Niesen, oft nicht aufzuhalten.
Und während nach dem Tuch er angelt,
Ob es ihm wirklich völlig mangelt,
Beschließt die Nase, reizgepeinigt,
Brutal, daß sie sich selber reinigt.
Der Mensch steht da mit leeren Händen –
Wir wollen uns beiseite wenden,
Denn es gibt Dinge, welche peinlich
Für jeden Menschen, so er reinlich.
Wir wollen keinen drum verachten,
Jedoch erst wieder ihn betrachten,
Wenn er sich (wie, muß man nicht wissen)
Dem Allzumenschlichen entrissen.

Besorgungen

Ein Mensch geht eines Vormittages,
Gewärtig keines Schicksalsschlages,
Geschäftig durch die große Stadt,
Wo viel er zu besorgen hat.
Doch schon trifft ihn der erste Streich:
Ein Türschild tröstet: »Komme gleich!«
Gleich ist ein sehr verschwommnes Wort,
Der Mensch geht deshalb wieder fort,
Zum zweiten Ziele zu gelangen:
»Vor fünf Minuten weggegangen…«
Beim dritten hat er auch kein Glück:
»Kommt in acht Tagen erst zurück!«
Beim vierten heißts, nach langem Lauern:
»Der Herr Direktor läßt bedauern…«
Ein überfülltes Wartezimmer
Beim fünften raubt den Hoffnungsschimmer.
Beim sechsten stellt es sich heraus:
Er ließ ein Dokument zu Haus.
Nun kommt der siebte an die Reih:
»Geschlossen zwischen zwölf und zwei!«
Der Mensch, von Wut erfüllt zum Bersten,
Beginnt nun noch einmal beim ersten.
Da werden ihm die Kniee weich:
Dort steht noch immer: »Komme gleich!«

Der Gast

Ein Mensch, der frömmste von der Welt,
Hat sich im Gasthaus was bestellt
Und sitzt nun da, ganz guter Dinge,
Gewärtig, daß man es ihm bringe.
Er schaut in stiller Seelenruh
Der Emsigkeit des Kellners zu,
Des wackern Mannes, des verlässigen,
Der furchtlos bändigt die Gefräßigen.
Doch bald, von leichtem Zorn gerötet,
Der Mensch ein leises »Bitte« flötet,
Das leider ungehört verhallt,
Weshalb mit höherer Stimmgewalt
Und auch im Tone etwas grober
Der Mensch vernehmlich schreit: »Herr Ober!«
Auch dieser Ruf bleibt unerfüllt,
So daß der Mensch jetzt »Kellner!« brüllt.
Der Kellner, den dies Wort wie Gift
Ins Herz der Ober-Ehre trifft,
Tut, was ein standsbewußter Mann
Nur tun in solchen Fällen kann:
Er überhört es mild und heiter
Und schert sich um den Gast nicht weiter.
Der Mensch, gereizt zwar, aber feige,
Hälts für geraten, daß er schweige.
Das Essen kommt, der Mensch vergißt,
Sagt höflich: »Danke sehr!« – und ißt.

Die guten Bekannten

Ein Mensch begegnet einem zweiten.
Sie wechseln Förm- und Herzlichkeiten,
Sie zeigen Wiedersehensglück
Und gehn zusammen gar ein Stück.
Und während sie die Stadt durchwandern,
Sucht einer heimlich von dem andern
Mit ungeheurer Hinterlist
Herauszubringen, wer er ist.
Daß sie sich kennen, das steht fest,
Doch äußerst dunkel bleibt der Rest.
Das Wo und Wann, das Wie und Wer,
Das wissen alle zwei nicht mehr.
Doch sind sie, als sie nun sich trennen,
Zu feig, die Wahrheit zu bekennen.
Sie freun sich, daß sie sich getroffen;
Jedoch im Herzen beide hoffen,
Indes sie ihren Abschied segnen,
Einander nie mehr zu begegnen.

Richtig und falsch

Ein Mensch trifft einen in der Stadt,
Der, ihn zu treffen, Freude hat
Und ihm zum Gruße unbekümmert
Die linke Schulter halb zertrümmert.
»Na, herrlich!« ruft er, »alter Knabe,
Gut, daß ich dich getroffen habe.
Ich wette, du läßt dich nicht lumpen,
Mir eine Kleinigkeit zu pumpen,
Fünf Mark bis morgen oder zehn.
Recht vielen Dank, auf Wiedersehn!«
Der Mensch ist noch im ungewissen,
Wieso man ihm zehn Mark entrissen,
Als schon ein zweiter ihm begegnet,
Der diesen Zufall grad so segnet.
Mit Seufzen hebt er an die Klage
Von der zur Zeit sehr schlimmen Lage,
Und zwar a) von der allgemeinen,
b) insbesondere von der seinen.
Der Mensch, indes der andere stammelt,
Sich still die Abwehrkräfte sammelt
Zur Rede, welche mild gedämpft
Des andern Absicht niederkämpft.
Moral: Von Wert ist nur der rasche
Zugriff auf deines Nächsten Tasche.

Voreilige Grobheit

Ein Mensch, der einen Brief geschrieben,
Ist ohne Antwort drauf geblieben
Und fängt nun, etwa nach vier Wochen,
Vor Wut erheblich an zu kochen.
Er schreibt, obgleich er viel verscherzt,
Noch einen Brief, der sehr beherzt,
Ja, man kann sagen voller Kraft,
Ganz ehrlich: äußerst flegelhaft!
Nun nimmt das Schicksal seinen Lauf,
Denn diesen Brief gibt er auch auf!
Die Post wird pünktlich ihn besorgen –
Doch siehe da, am nächsten Morgen
Ist leider, wider alles Hoffen,
Bei ihm die Antwort eingetroffen,
In der von jenem Herrn zu lesen,
Er sei so lang verreist gewesen,
Nun aber sei er wieder hiesig
Und freue sich daher ganz riesig,
Und er – der Mensch – könnt mit Vergnügen
Nach Wunsch ganz über ihn verfügen.
Der Mensch, der mit dem Brief, dem groben,
Sein Seelenkonto abgehoben,
Nein, noch viel tiefer sich versündigt:
Das Los zum Ziehungstag gekündigt,
Schrieb noch manch groben Brief im Leben –
Doch ohne ihn dann aufzugeben!

Verdorbener Abend

Ein Mensch gedenkt, daheim zu bleiben
Und still an seinem Buch zu schreiben.
Da ruft ein Freund an, ausgeh-heiter,
Und möchte ihn als Fest-Begleiter.
Der Mensch lehnt ab, er sei verhindert.
Jedoch sein Fleiß ist schon gemindert.
Indes er wiederum nun sitzt,
Ein graues Heer von Ratten flitzt
Aus allen Winkeln, Ritzen, Rillen,
Um zu benagen seinen Willen.
Gleichzeitig äußert sich auch jetzt
Der Floh, ihm jäh ins Ohr gesetzt,
Daß er die herrlichsten Genüsse
Durch seinen Trotz versäumen müsse.
Geheim vertauscht sich Zeit und Ort:
Halb ist er hier, halb ist er dort,
Und ist schon dort jetzt zu zwei Dritteln.
Er greift zu scharfen Gegenmitteln,
Beschimpft sich, gibt sich selbst Befehle,
Rast gegen seine schwache Seele –
Umsonst; er schleppt zum Schluß den Rest,
Der noch geblieben, auf das Fest.
Jedoch der Rest ist leider schal,
Dem Menschen wird die Lust zur Qual.
Nach Hause geht er bald, bedrückt…
Es scheint, der Abend ist mißglückt.

Falscher Verdacht

Ein Mensch hat meist den übermächtigen
Naturdrang, andre zu verdächtigen.
Die Aktenmappe ist verlegt.
Er sucht sie, kopflos und erregt,
Und schwört bereits, sie sei gestohlen,
Und will die Polizei schon holen
Und weiß von nun an überhaupt,
Daß alle Welt nur stiehlt und raubt.
Und sicher ists der Herr gewesen,
Der, während scheinbar er gelesen –
Er ahnt genau, wie es geschah…
Die Mappe? Ei, da liegt sie ja!
Der ganze Aufwand war entbehrlich
Und alle Welt wird wieder ehrlich.
Doch den vermeintlich frechen Dieb
Gewinnt der Mensch nie mehr ganz lieb,
Weil der die Mappe, angenommen,
Sie wäre wirklich weggekommen –
Und darauf wagt er jede Wette –
Gestohlen würde haben hätte!

Übereilte Anschaffung

Ein Mensch geht, leider ganz allein,
Und kauft sich neues Schuhwerk ein.
Er tritt zu seinem spätern Schaden
Gleich in den nächsten besten Laden,
Wo ihm ein milder Überreder
Die Machart anpreist und das Leder.
Und schwörend, daß der Schuh ihm passe,
Schleppt er sofort ihn an die Kasse.
Leicht ist es, Stiefel sich zu kaufen,
Doch schwer, darin herumzulaufen.

Immer höflich

Ein Mensch grüßt, als ein Mann von Welt,
Wen man ihm einmal vorgestellt.
Er trifft denselben äußerst spärlich,
Wenn's hochkommt, drei- bis viermal jährlich
Und man begrinst sich, hohl und heiter,
Und geht dann seines Weges weiter.
Doch einmal kommt ein schlechter Tag,
Wo just der Mensch nicht grinsen mag;
Und er geht stumm und starr vorbei,
Als ob er ganz wer andrer sei.
Doch solche Unart rächt sich kläglich:
Von Stund an trifft er jenen täglich.

Geduldsprobe

Ein Mensch, der auf die Trambahn wartet,
Hälts für ein Spiel, das abgekartet,
Ja, für die Bosheit der Erinnyen,
Daß immer kommen andre Linien.
Schon droht im Rinnen der Minuten
Er sich tief innen zu verbluten,
Da leuchten endlich in der Ferne
Die heißersehnten Lichter-Sterne.
Der Mensch, noch eben prall vor Wut,
Wird weltversöhnt und herzensgut.
Er setzt sich, aufgelöst in Schwäche.
Die Seele steigt zur Oberfläche
Und plätschert selig über ihn –
Bis jäh der Schaffner fragt: »Wohin?«

Gut gedrillt

Ein Mensch steht stumm, voll schlechter Laune,
An einem hohen Gartenzaune
Und müht sich mit gestreckten Zehen,
In dieses Paradies zu sehen
Und schließt aus dem erspähten Stück:
Hier wohnt der Reichtum, wohnt das Glück.
Der Sommer braust im hohen Laub,
Der Mensch schleicht durch den Straßenstaub
Und denkt, indes er sich entfernt,
Was in der Schule er gelernt:
Daß bloßer Reichtum nicht genügt,
Indem daß oft der Schein betrügt.
Der Mensch ist plötzlich so bewegt,
Daß Mitleid heiß sich in ihm regt
Mit all den armen reichen Leuten –
Er weiß es selber kaum zu deuten.
Doch wir bewundern wieder mal
Dies Glanzdressurstück der Moral.

Nutzlose Qual

Ein Mensch hat eines Nachts geträumt,
Er habe seinen Zug versäumt,
Und er wacht auf mit irrem Schrei –
Jedoch, es ist erst viertel zwei.
Der Schlaf löst die verschreckten Glieder.
Doch sieh, da plötzlich träumts ihm wieder,
Und er wacht auf mit irrem Schrei –
Jedoch, es ist erst viertel drei.
Er schmiegt sich wieder in die Kissen,
Da wird aufs neu sein Schlaf zerrissen.
Der Schrei ertönt, der Mensch erwacht –
Und diesmal ist es viertelacht.
Der Zug jedoch pflegt abzugehn
Tagtäglich, pünktlich sieben Uhr zehn.
Moral: Was nützt der schönste Schrecken,
Kann er zur rechten Zeit nicht wecken…?

Das Schnitzel

Ein Mensch, der sich ein Schnitzel briet,
Bemerkte, daß ihm das mißriet.
Jedoch, da er es selbst gebraten,
Tut er, als wär es ihm geraten,
Und, um sich nicht zu strafen Lügen,
Ißt ers mit herzlichem Vergnügen.

Vorsicht

Ein Mensch, mit keinem Grund zur Klage
Als dem der allgemeinen Lage,
Klagt trotzdem und auf jeden Fall,
Klagt herzlich, laut und überall,
Daß jedermann sich überzeugt,
Wie tief ihn Not und Sorge beugt.
Wenn er sich nämlich unterfinge
Zu sagen, daß es gut ihm ginge,
So ginge es ihm nicht mehr gut:
Der Neid, der rasche Arbeit tut,
Hätt ihn vielleicht schon über Nacht
Um all sein Gutergehn gebracht.
Drum hat der Mensch im Grunde recht,
Der gleich erklärt, ihm ging' es schlecht.

Ein Ausweg

Ein Mensch, der spürt, wenn auch verschwommen,
Er müßte sich, genau genommen,
Im Grunde seines Herzens schämen
Zieht vor, es nicht genau zu nehmen.

So ist das Leben

Ein Mensch lebt friedlich auf der Welt,
Weil fest und sicher angestellt.
Jedoch so Jahr um Jahr, wenns lenzt,
Fühlt er sich sklavenhaft begrenzt
Und rasselt wild mit seinen Ketten,
Als könnt er so die Seele retten
Und sich der Freiheit und dem Leben
Mit edlem Opfermut ergeben.
Jedoch bei näherer Betrachtung
Spielt er nur tragische Verachtung
Und schluckt, kraft höherer Gewalt,
Die Sklaverei und das Gehalt.
Auf seinem kleinen Welttheater
Mimt schließlich er den Heldenvater
Und denkt nur manchmal noch zurück
An das einst oft geprobte Stück,
Das niemals kam zur Uraufführung.
Und er empfindet tiefe Rührung,
Wenn er die alte Rolle spricht
Vom Mann, der seine Ketten bricht.

Traumbegegnung

Ein Mensch, beim Traum-Spazierengehen,
Sah einst den Riesen Zufall stehen,
Auf den er schon seit manchem Jahr
Nicht eben gut zu sprechen war.
Wie David einst vor Goliath,
Er traumesmutig vor ihn trat,
Daß er ihn kieselschleudernd träfe,
Wie jener jenen, in die Schläfe.
Doch wollt er, abhold allen Sünden,
Den Mord moralisch erst begründen
Und nicht, was gerade hier vonnöten,
Den Zufall nur durch Zufall töten.
Er hielt darum, statt rascher Fehde,
Dem Riesen eine Riesenrede,
In der er nachwies, unerbittlich,
Der Zufall sei durchaus nicht sittlich,
Denn er mißbrauche seine Kraft
Zu ungerechter Machenschaft.
Der Riese, gar nicht schlecht gelaunt,
Schien ob des Vorwurfs nur erstaunt
Und war ganz willig zur Bekehrung
Und bat um weitere Belehrung.
Der Mensch bedachte manche Regel,
Die heilsam wäre für den Flegel,
Doch fiel ihm nichts Gescheites ein.
Er wurde kleiner noch als klein,
Und er verschloff sich wie ein Wiesel,
In Händen ungenutzt den Kiesel.

Phantastereien

Ein Mensch denkt nachts in seinem Bette,
Was er gern täte, wäre, hätte.
Indes schon Schlaf ihn leicht durchrinnt,
Er einen goldnen Faden spinnt
Und spinnt und spinnt sich ganz zurück
In Märchentraum und Kinderglück.
Er möchte eine Insel haben,
Darauf ein Schloß mit Wall und Graben,
Das so geheimnisreich befestigt,
Daß niemand ihn darin belästigt.
Dann möchte er ein Schiff besitzen
Mit selbsterfundenen Geschützen,
Daß ganze Länder, nur vom Zielen,
In gläserne Erstarrung fielen.
Dann wünscht er sich ein Zauberwort,
Damit den Nibelungenhort –
Tarnkappe, Ring und Schwert – zu heben.
Dann möcht er tausend Jahre leben,
Dann möcht er… doch er findet plötzlich
Dies Traumgeplantsch nicht mehr ergötzlich.
Er schilt sich selbst: »Hanswurst, saudummer!«
Und sinkt nun augenblicks in Schlummer.

Ein Experiment

Ein Mensch, der es noch nicht gewußt hat,
Daß er zwei Seelen in der Brust hat,
Der schalte ohne Zwischenpause
Die kalte auf die warme Brause,
Wobei er schnatternd schnell entdeckt:
Die sündige Seele wird erschreckt.
Doch wächst im kalten Strahl die Kraft
Der Seele, welche heldenhaft.
Kurz, er stellt fest, wie sich die beiden
Sonst eng verbundnen Seelen scheiden.
Hat er nun überzeugt sich klar
Von dem, was zu beweisen war,
So mache er die minder grobe,
Ja, höchst erwünschte Gegenprobe:
Die Wärme bringt ihm den Genuß,
Er fühlt sich wie aus einem Guß.

Der starke Kaffee

Ein Mensch, der viel Kaffee getrunken,
Ist nachts in keinen Schlaf gesunken.
Nun muß er zwischen Tod und Leben
Hoch überm Schlummerabgrund schweben
Und sich mit flatterflinken Nerven
Von einer Angst zur andern werfen
Und wie ein Affe auf dem schwanken
Gezweige turnen der Gedanken,
Muß über die geheimsten Wurzeln
Des vielverschlungnen Daseins purzeln
Und hat verlaufen sich alsbald
Im höllischen Gehirn-Urwald.
In einer Schlucht von tausend Dämpfen
Muß er mit Spukgestalten kämpfen,
Muß, von Gespenstern blöd geäfft,
An Weiber, Schule, Krieg, Geschäft
In tollster Überblendung denken
Und kann sich nicht ins Nichts versenken.
Der Mensch in selber Nacht beschließt,
Daß er Kaffee nie mehr genießt.
Doch ist vergessen alles Weh
Am andern Morgen – beim Kaffee.

Unter Aufsicht

Ein Mensch, der recht sich überlegt,
Daß Gott ihn anschaut unentwegt,
Fühlt mit der Zeit in Herz und Magen
Ein ausgesprochnes Unbehagen
Und bittet schließlich Ihn voll Grauen,
Nur fünf Minuten wegzuschauen.
Er wolle unbewacht, allein
Inzwischen brav und artig sein.
Doch Gott, davon nicht überzeugt,
Ihn ewig unbeirrt beäugt.

Der Pfründner

Ein Mensch hat draußen nicht viel Glück.
Er zieht sich in sich selbst zurück;
Zu keinem Aufwand mehr verpflichtet,
Doch seelisch recht gut eingerichtet,
Führt er seitdem behaglich dort
Ein Innenleben mit Komfort.

Schlüpfrige Dinge

Ein Mensch, der auf der Straße ging,
Mit seinen Augen sich verfing
In einem Laden, drin ein Weib
Höchst schamlos zeigte seinen Leib,
Der nur aus Pappendeckel zwar,
Doch fleischlich in der Wirkung war.
Von Hemd und Höschen zart umhüllt,
Das Blendwerk nur den Zweck erfüllt,
Zu schlagen eine breite Bresche
In den erlaubten Wunsch nach Wäsche.
Und da dem Reinen alles rein,
Sah das der Mensch auch alsbald ein
Und ging mit einer grenzenlosen
Hochachtung fort für Damenhosen.

Voreilig

Ein Mensch in seinem ersten Zorn
Wirft leicht die Flinte in das Korn,
Und wenn ihm dann der Zorn verfliegt,
Die Flinte wo im Korne liegt.
Der Mensch bedarf dann mancher Finte,
Zu kriegen eine neue Flinte.

Unglaubwürdige Geschichte

Ein Mensch, ein wahrhaft großmut-gütiger,
Und ein noch weitaus größermütiger,
Bekommen miteinander Streit –
Das heißt natürlich, insoweit
Ein streitvergleichbares Gebilde
Entstehen kann bei solcher Milde.
Der Gütige nennt allein sich schuldig,
Indes der Gütigere geduldig
Den Gütigen dahin belehrt,
Es sei gerade umgekehrt;
Die Un-Schuld ganz auf sich zu nehmen,
Will keins von beiden sich bequemen,
Weil er es nie dem andern gönnte,
Daß er – der andre – sagen könnte,
Er habe, um zum End zu kommen,
Die Unschuld ganz auf sich genommen
Und damit, und das ist es eben,
Die Schuld des andern zugegeben.
Nun gut, nachdem sich jeder weigert,
Wird das Gespräch hinaufgesteigert,
Doch nicht zur Grobheit wie gewöhnlich,
Nein, hier natürlich höchstversöhnlich,
Bis es, ganz aus sich selbst verschwendet,
In Lächeln und in Demut endet,
Und beide in beglücktes Schweigen
Wie Kinderluftballone steigen.

Billige Reise

Ein Mensch holt sich für die bezweckte
Fahrt in die Ferien viel Prospekte,
Die, was verdächtig, unentgeltlich
In reichster Auswahl sind erhältlich
Und die in Worten wie in Bildern
Den Reiz jedweder Gegend schildern.
Begeisternd sind die Pensionen,
In denen nette Menschen wohnen.
Ganz herrlich sind die Alpentäler,
Wo preiswert Bett und Mittagsmähler.
Doch würdig reifer Überlegung
Ist auch am Meere die Verpflegung.
Es fragt sich nur ob Ost-, ob Nord-?
Und schließlich wie wär es an Bord?
Nicht zu verachten bei den Schiffen
Der Lockruf: »Alles inbegriffen!«
Der Mensch, an sich nicht leicht entschlossen,
Hat lesend schon genug genossen
Und bleibt, von tausend Bildern satt,
Vergnügt in seiner Heimatstadt.

Der Lebenskünstler

Ein Mensch, am Ende seiner Kraft,
Hat sich noch einmal aufgerafft.
Statt sich im Schmerze zu vergeuden,
Beschließt er, selbst sich zu befreuden
Und tut dies nun durch die Erdichtung
Von äußerst peinlicher Verpflichtung.
So ist ihm Reden eine Qual:
Sitzt er nun wo als Gast im Saal,
Befiehlt er streng sich in den Wahn,
Er käm jetzt gleich als Redner dran,
Macht selber Angst sich bis zum Schwitzen –
Und bleibt dann glücklich lächelnd sitzen.
Dann wieder bildet er sich ein,
Mit einem Weib vermählt zu sein,
Das trotz erbostem Scheidungsrütteln
Auf keine Weise abzuschütteln.
Wenn er die Wut, daß sie sich weigert,
Bis knapp zum Mord hinaufgesteigert,
So lacht er über seine List
Und freut sich, daß er ledig ist.
Ein Mensch, ein bißchen eigenwillig,
Schafft so sich Wonnen, gut und billig.

Verwickelte Geschichte

Ein Mensch wähnt manchmal ohne Grund,
Der andre sei ein Schweinehund,
Und hält für seinen Lebensrest
An dieser falschen Meinung fest.
Wogegen, gleichfalls unbegründet,
Er einen Dritten reizend findet.
Und da kein Gegenteil erwiesen,
Zeitlebens ehrt und liebt er diesen.
Derselbe Mensch wird seinerseits –
Und das erst gibt der Sache Reiz –
Durch eines blinden Zufalls Walten
Für einen Schweinehund gehalten,
Wie immer er auch darauf zielte,
Daß man ihn nicht für einen hielte.
Und einzig jener auf der Welt,
Den selber er für einen hält,
Hält ihn hinwiederum für keinen.
Moral: Das Ganze ist zum Weinen.

Das Sprungbrett

Ein Mensch, den es nach Ruhm gelüstet,
Besteigt, mit großem Mut gerüstet,
Ein Sprungbrett – und man denkt, er liefe
Nun vor und spränge in die Tiefe,
Mit Doppelsalto und dergleichen
Der Menge Beifall zu erreichen.
Doch läßt er, angestaunt von vielen,
Zuerst einmal die Muskeln spielen,
Um dann erhaben vorzutreten,
Als gälts, die Sonne anzubeten.
Ergriffen schweigt das Publikum –
Doch er dreht sich gelassen um
Und steigt, fast möcht man sagen, heiter
Und vollbefriedigt von der Leiter.
Denn, wenn auch scheinbar nur entschlossen,
Hat er doch sehr viel Ruhm genossen,
Genau genommen schon den meisten –
Was sollt er da erst noch was leisten?

Beim Einschlafen

Ein Mensch möcht sich im Bette strecken,
Doch hindern die zu kurzen Decken.
Es friert zuerst ihn an den Füßen,
Abhilfe muß die Schulter büßen.
Er rollt nach rechts und meint, nun gings,
Doch kommt die Kälte prompt von links.
Er rollt nach links herum, jedoch
Entsteht dadurch von rechts ein Loch.
Indem der Mensch nun dies bedenkt,
Hat Schlaf sich mild auf ihn gesenkt
Und schlummernd ist es ihm geglückt:
Er hat sich warm zurechtgerückt.
Natur vollbringt oft wunderbar,
Was eigentlich nicht möglich war.

Sprichwörtliches

Ein Mensch bemerkt mit bitterm Zorn,
Daß keine Rose ohne Dorn.
Doch muß ihn noch viel mehr erbosen,
Daß sehr viel Dornen ohne Rosen.

Die Torte

Ein Mensch kriegt eine schöne Torte.
Drauf stehn in Zuckerguß die Worte:
»Zum heutigen Geburtstag Glück!«
Der Mensch ißt selber nicht ein Stück,
Doch muß er in gewaltigen Keilen
Das Wunderwerk ringsum verteilen.
Das »Glück«, das »heu«, der »tag« verschwindet,
Und als er nachts die Torte findet,
Da ist der Text nur mehr ganz kurz,
Er lautet nämlich nur noch: »burts«.
Der Mensch, zur Freude jäh entschlossen,
Hat diesen Rest vergnügt genossen.

Man wird bescheiden

Ein Mensch erhofft sich fromm und still,
Daß er einst das kriegt, was er will.
Bis er dann doch dem Wahn erliegt
Und schließlich das will, was er kriegt.

Literatur und Liebe

Verkannte Kunst

Ein Mensch, der sonst kein Instrument,
Ja, überhaupt Musik kaum kennt,
Bläst Trübsal – denn ein jeder glaubt,
Dies sei auch ungelernt erlaubt.
Der unglückselige Mensch jedoch
Bläst bald auch auf dem letzten Loch.
Dann ists mit seiner Puste aus
Und niemand macht sich was daraus.
Moral: Ein Trübsalbläser sei
Ein Meister, wie auf der Schalmei.

Kunst

Ein Mensch malt, von Begeisterung wild,
Drei Jahre lang an einem Bild.
Dann legt er stolz den Pinsel hin
Und sagt: »Da steckt viel Arbeit drin.«
Doch damit wars auch leider aus:
Die Arbeit kam nicht mehr heraus.

Unerwünschter Besuch

Ein Mensch, der sich zu Hause still
Was Wunderschönes dichten will,
Sucht grad auf Lenz sich einen Reim,
Als in das sonst so traute Heim
Ein Mann tritt, welchen er zu treten
In keiner Weise hat gebeten.
»Ich seh«, sagt dieser, »daß ich störe.
Sie schreiben grade – nun, ich schwöre,
Sie gar nicht lange aufzuhalten,
Ich weiß, man will ein Werk gestalten,
Ist just an einer schweren Stelle –
Da tritt ein Fremdling auf die Schwelle.
Ich komm nicht, Sie zu unterbrechen,
Ich will nur knapp zwei Worte sprechen.
Nur keine Bange – fünf Minuten,
Ich denk nicht, Ihnen zuzumuten,
Mir mehr zu opfern. Zeit ist Geld,
Und Geld ist rar heut auf der Welt.«
Der Mann noch weiterhin bekräftigt,
Er wisse, wie der Mensch beschäftigt,
Und sei darum von ganzer Seele
Bedacht, daß er nicht Zeit ihm stehle.
Der Mensch wird, etwa nach drei Stunden,
Zerschwätzt an seinem Tisch gefunden.

Verhinderter Dichter

Ein Mensch, zur Arbeit wild entschlossen,
Ist durch den Umstand sehr verdrossen,
Daß ihm die Sonne seine Pflicht
Und Lust zum Fleißigsein zersticht.
Er sitzt und schwitzt und stöhnt und jammert,
Weil sich die Hitze an ihn klammert.
Von seinem Wunsch herbeigemolken,
Erscheinen alsbald dunkle Wolken,
Der Regen rauscht, die Traufen rinnen.
Jetzt, denkt der Mensch, kann ich beginnen!
Doch bleibt er tatenlos und sitzt,
Horcht, wie es donnert, schaut, wies blitzt,
Und wartet, dumpf und hirnvernagelt,
Obs nicht am Ende gar noch hagelt.
Doch rasch zerfällt das Wettertoben –
Der Mensch sitzt wieder: Siehe oben!

Entbehrliche Neuigkeiten

Ein Mensch, der Zeitung liest, erfährt:
»Die Lage völlig ungeklärt.«
Weil dies seit Adam so gewesen,
Wozu denn da noch Zeitung lesen?

Hoffnungen

Ein Mensch, der eben auf gut Glück
Versandte ein Theaterstück,
Erwartet nunmehr Tag für Tag
Gespannt die Antwort vom Verlag.
Die Träume schweifen weit, die kühnen,
Und rechnen schon mit hundert Bühnen,
Sie werden dreist und immer dreister.
Man wird ihm schreiben: »Hoher Meister...«
Was schreiben – drahten wird man gleich:
»Erbitten Rechte ganzes Reich!«
Nur manchmal denkt der Mensch beklommen,
Die Antwort müßte rascher kommen.
Jedoch, mit Träumen so gefüttert,
Bleibt sein Vertrauen unerschüttert.
Sehr plötzlich liegt dann auf dem Tisch
Sein Drama nebst gedrucktem Wisch:
Man habe für die p.p. Sendung
Hochachtend leider nicht Verwendung,
Womit jedoch in keiner Richtung
Man zweifle an dem Wert der Dichtung!
Der Mensch, der eben noch im Geist
Und Flugzeug nach Berlin gereist,
Um zu erobern sich die Welt –
Notlandet schlicht auf freiem Feld.

Bücher

Ein Mensch, von Büchern hart bedrängt,
An die er lang sein Herz gehängt,
Beschließt voll Tatkraft, sich zu wehren,
Eh sie kaninchenhaft sich mehren.
Sogleich, aufs äußerste ergrimmt,
Er ganze Reihn von Schmökern nimmt
Und wirft sie wüst auf einen Haufen,
Sie unbarmherzig zu verkaufen.
Der Haufen liegt, so wie er lag,
Am ersten, zweiten, dritten Tag.
Der Mensch beäugt ihn ungerührt
Und ist dann plötzlich doch verführt,
Noch einmal hinzusehn genauer –
Sieh da, der schöne Schopenhauer ...
Und schlägt ihn auf und liest und liest,
Und merkt nicht, wie die Zeit verfließt ...
Beschämt hat er nach Mitternacht
Ihn auf den alten Platz gebracht.
Dorthin stellt er auch eigenhändig
Den Herder, achtundzwanzigbändig.
E. T. A. Hoffmanns Neu-Entdeckung
Schützt diesen auch vor Zwangs-Vollstreckung.
Kurzum, ein Schmöker nach dem andern
Darf wieder auf die Bretter wandern.
Der Mensch, der so mit halben Taten
Beinah schon hätt den Geist verraten,
Ist nun getröstet und erheitert,
Daß die Entrümpelung gescheitert.

Der Nichtskönner

Ein Mensch, in einem jähen Strudel
Von widerwärtigem Lobgehudel
Emporgeschleudert wild und weit,
Steigt in den Glanz der Ewigkeit.
Doch in der Region der Gletscher
Gefriert das eitle Lobgeplätscher.
Der Mensch, umragt von Geistesriesen,
Ist auf sich selber angewiesen
Und fühlt, im Innersten verstört,
Daß er nicht recht hierher gehört.
Arm und verlassen hockt er droben.
Doch wer kann ihn herunterloben?

*

Ein Mensch von innerlichster Richtung
Schreibt unentwegt an einer Dichtung.
Doch, was mit Herzblut er geschrieben,
Kann niemand loben oder lieben.
Ein andrer Mensch, der nicht so blutet,
Daß es die Dichtung überflutet,
Benutzt – welch widerwärtige Finte –
Zu dem Behufe einfach Tinte.
Und doch wird dem, was er gedichtet,
Von allen Seiten beigepflichtet.
Blut ist zwar ein besondrer Saft,
Doch hat auch Tinte ihre Kraft.

Gutes Beispiel

Ein Mensch, der Bücher schreiben wollte,
Besinnt sich plötzlich, ob ers sollte.
Ob er, bisan ein heilig Wesen,
Dran Dichter und Verlag genesen,
Ein Mensch, der nicht nur las, der gar
Sich Bücher kaufte gegen bar
Und den, weil selbst er nie geschrieben,
Die Menschen und die Götter lieben,
Ob er, gleichviel aus welchen Gründen,
Sich stürzen sollt in solche Sünden,
Wie sie im Himmel und auf Erden
Höchst selten nur vergeben werden –
Der Mensch, der schon Papier erworben,
Hat anderweitig es verdorben.

Der Rezensent

Ein Mensch hat Bücher wo besprochen
Und liest sie nun im Lauf der Wochen.
Er freut sich wie ein kleines Kind,
Wenn sie ein bißchen auch so sind.

Briefe, die ihn nicht erreichten ...

Ein Mensch denkt oft mit stiller Liebe
An Briefe, die er gerne schriebe.
Zum Beispiel: »Herr! Sofern Sie glauben,
Sie dürften alles sich erlauben,
So teil ich Ihnen hierdurch mit,
Daß der bewußte Eselstritt
Vollständig an mir abgeprallt –
Das weitere sagt mein Rechtsanwalt!
Und wissen Sie, was Sie mich können? ...«
Wie herzlich wir dem Menschen gönnen,
An dem, was nie wir schreiben dürfen,
Herumzubasteln in Entwürfen.
Es macht den Zornigen sanft und kühl
Und schärft das deutsche Sprachgefühl.

Arbeiter der Stirn

Ein Mensch sitzt kummervoll und stier
Vor einem weißen Blatt Papier.
Jedoch vergeblich ist das Sitzen –
Auch wiederholtes Bleistiftspitzen
Schärft statt des Geistes nur den Stift.
Selbst der Zigarre bittres Gift,
Kaffee gar, kannenvoll geschlürft,
Den Geist nicht aus den Tiefen schürft,
Darinnen er, gemein verbockt,
Höchst unzugänglich einsam hockt.
Dem Menschen kann es nicht gelingen,
Ihn auf das leere Blatt zu bringen.
Der Mensch erkennt, daß es nichts nützt,
Wenn er den Geist an sich besitzt,
Weil Geist uns ja erst Freude macht,
Sobald er zu Papier gebracht.

Der Kenner

Ein Mensch sitzt stolz, programmbewehrt,
In einem besseren Konzert,
Fühlt sich als Kenner überlegen –
Die anderen sind nichts dagegen.
Musik in den Gehörgang rinnt,
Der Mensch lauscht kühn verklärt und sinnt.
Kaum daß den ersten Satz sie enden,
Rauscht er schon rasend mit den Händen
Und spricht vernehmliche und kluge
Gedanken über eine Fuge
Und seufzt dann, vor Begeisterung schwach:
»Nein, wirklich himmlisch, dieser Bach!«
Sein Nachbar aber grinst abscheulich:
»Sie haben das Programm von neulich!«
Und sieh, woran er gar nicht dachte:
Man spielt heut abend Bruckners Achte.
Und jäh, wie Simson seine Kraft,
Verliert der Mensch die Kennerschaft.

Theaterbilletts

Ein Mensch besitzt zwei Festspielkarten,
Auf die vielleicht zehntausend warten,
Die, würden sie beschenkt mit diesen,
Sich ungeheuer glücklich priesen.
Der Mensch, von diesen schroff getrennt
Dadurch, daß er sie gar nicht kennt,
Denkt vorerst seiner beiden Schwestern:
»Nein, danke«, heißts, »wir waren gestern.«
Dann fällt ihm noch Herr Müller ein,
Der wird vermutlich selig sein.
Doch selig ist der keinesfalls,
Ihm stehn die Opern schon zum Hals.
Wie konnt ich Fräulein Schulz vergessen?
Die ist auf so was ganz versessen!
»Wie, heute abend, Lohengrin?
Da geh ich sowieso schon hin!«
Herr Meier hätte sicher Lust:
»Hätt vor drei Tagen ichs gewußt!«
Frau Huber lehnt es ab, empört:
»Vor zwanzig Jahren schon gehört!«
Herr Lieblich meint, begeistert ging er,
Wär es für morgen, Meistersinger,
Doch heute abend, leider nein.
Der Mensch läßt es von nun an sein. –
Zwei Plätze, keine Sitzer habend,
Genießen still den freien Abend.

Gefahrvoller Ritt (1933)

Ein Mensch, der noch ein Buch besaß,
Darin als Kind er gerne las,
Trifft das Gedicht, ihm lieb von je,
Vom Reiter überm Bodensee.
Jedoch, es kann den gleichen Schrecken
Wie damals nicht mehr in ihm wecken.
Denn, denkt der Mensch, was war da? was?
Der Mann, der gut zu Pferde saß,
Ritt unbeirrt geradeaus,
Sah bald ein Licht, kam an ein Haus,
Wo er gerettet dann erfuhr
Ein mäßig Wunder der Natur:
Es lag, bedeckt von Eis und Schnee,
Nicht bodenlos der Bodensee
Und, noch dazu, das Wetter war
An jenem Tage hell und klar.
Nach kurzer Zeit war er bereits
Unangefochten in der Schweiz
Und hatte wahrlich wenig Not,
Zu sinken von dem Rosse tot.
Wie tot sänk, denkt der Mensch, vom Rosse
Erst unsereins, als Zeitgenosse,
Da wir doch hören beinah stündlich,
Daß, wo wir ritten, unergründlich
Die Tiefe war und, was noch schlimmer:
Wir müssen reiten ja noch immer,
Und tuns verhältnismäßig heiter –
Wer weiß wohin? Nur weiter, weiter!

Kleine Ursachen

Ein Mensch – und das geschieht nicht oft –
Bekommt Besuch, ganz unverhofft,
Von einem jungen Frauenzimmer,
Das grad, aus was für Gründen immer –
Vielleicht aus ziemlich hintergründigen –
Bereit ist, diese Nacht zu sündigen.
Der Mensch müßt nur die Arme breiten,
Dann würde sie in diese gleiten.
Der Mensch jedoch den Mut verliert,
Denn leider ist er unrasiert.
Ein Mann mit schlechtgeschabtem Kinn
Verfehlt der Stunde Glücksgewinn,
Und wird er schließlich doch noch zärtlich,
Wird ers zu spät und auch zu bärtlich.
Infolge schwacher Reizentfaltung
Gewinnt die Dame wieder Haltung
Und läßt den Menschen, rauh von Stoppeln,
Vergeblich seine Müh verdoppeln.
Des Menschen Kinn ist seitdem glatt –
Doch findet kein Besuch mehr statt.

Zirkus Liebe

Ein Mensch – wir brauchens nicht zu sagen,
Es gilt dem Sinn nach, übertragen –
Ein Mensch ist, wie gesagt, ganz hin:
Er liebt die Zirkusreiterin!
Er nimmt das Schwerste selbst in Kauf
Und tritt als Dummer August auf,
Um überhaupt nur da zu sein
Und der Geliebten nah zu sein.
Jedoch dem Weib viel näher steht
Ein strotzender Gemüts-Athlet.
Und leicht gewinnt durch rasche Tat
Sie ein Gesinnungs-Akrobat.
Und wenn der wirklich sie verlör,
Ist da noch immer ein Dompteur,
Ein Schlangenbändiger, ein Gaukler,
Ein Illusionist, ein Turmseilschaukler,
Ein Stallknecht, kurz, du armer Dummer
August, bist erst die letzte Nummer!
Ein anderer Mensch, nicht liebestoll,
Weiß gleich, was man da machen soll.
Er freut sich an dem bittern Spaße
Und setzt sich herzlos an die Kasse.

Waidmannsheil

Ein Mensch, schon vorgerückt an Jahren,
Entschließt sich dennoch, Schi zu fahren
Und zwar, weil er einmal erfuhr,
Daß in der Freiheit der Natur
Die Auswahl oft ganz unbeschreiblich
An Wesen, welche erstens weiblich
Und zweitens, dies verhältnismäßig
Sehr wohlgestalt und schöngesäßig.
Der Mensch beschließt, mit einem Wort,
Die Häschenjagd als Wintersport.
Doch was er trifft auf Übungshügeln,
Kann seine Sehnsucht nicht beflügeln:
Dort fällt ja stets, seit vielen Wintern,
Das gleiche Volk auf dicke Hintern.
Die Häschen ziehn zu seinem Schmerz
Sich immer höher alpenwärts,
Und sind auch leider unzertrennlich
Vereint mit Wesen, welche männlich.
Der Mensch, der leider nur ein Fretter
Und kein Beherrscher jener Bretter,
Die einzig hier die Welt bedeuten,
Vermag kein Häschen zu erbeuten,
Weshalb er, anstatt Schi zu laufen,
Ins Kurhaus geht, sich zu besaufen.

Gezeiten der Liebe

Ein Mensch schreibt mitternächtig tief
An die Geliebte einen Brief,
Der schwül und voller Nachtgefühl.
Sie aber kriegt ihn morgenkühl,
Liest gähnend ihn und wirft ihn weg.
Man sieht, der Brief verfehlt den Zweck.
Der Mensch, der nichts mehr von ihr hört,
Ist seinerseits mit Recht empört
Und schreibt am hellen Tag, gekränkt
Und saugrob, was er von ihr denkt.
Die Liebste kriegt den Brief am Abend,
Soeben sich entschlossen habend,
Den Menschen dennoch zu erhören –
Der Brief muß diesen Vorsatz stören.
Nun schreibt, die Grobheit abzubitten,
Der Mensch noch einen zarten dritten
Und vierten, fünften, sechsten, siebten
Der herzlos schweigenden Geliebten.
Doch bleibt vergeblich alle Schrift,
Wenn man zuerst daneben trifft.

Hereinfall

Ein Mensch, gewillt, sich zu erholen,
Kriegt Paradiese gern empfohlen.
Er liest in manchem Werbeblatt
An Bergen sich und Bädern satt,
Um, qualvoll hin- und hergerissen,
Erst recht nicht mehr: wohin? zu wissen.
Entschluß hängt oft an einem Fädchen:
In diesem Fall entschied ein Mädchen,
Das aus dem schönsten der Prospekte
Die Arme sehnend nach ihm streckte.
Der Mensch, schon jetzt in es verliebt
Und überzeugt, daß es es gibt,
Fährt, nicht mehr länger überlegend,
In die dortselbst verheißne Gegend
Und sieht inmitten sich von Leuten,
Die auch sich auf das Mädchen freuten,
Doch keinesfalles ihrerseits
Ersetzen den versprochnen Reiz.
Im Kurhaus, im Familienbad
Ist ohne es es äußerst fad;
Der Mensch, vom Mädchenbild bestochen,
Hat sich im voraus für vier Wochen
Vertrauensselig schon verpflichtet.
Nun steht er einsam und vernichtet.

Bühne des Lebens

Ein Mensch, von einem Weib betrogen,
Ergeht sich wüst in Monologen,
Die alle in dem Vorsatz enden,
Sich an kein Weib mehr zu verschwenden.
Doch morgen schon – was gilt die Wette? –
Übt wieder dieser Mensch Duette.

Für Architekten

Ein Mensch, der auf ein Weib vertraut
Und drum ihm einen Tempel baut
Und meint, das wär sein Meisterstück,
Erlebt ein schweres Bauunglück.
Leicht findet jeder das Exempel:
Auf Weiber baue keine Tempel!

Für Juristen

Ein Mensch, nach längerm Eheleiden,
Faßt endlich Mut und läßt sich scheiden.
Kaum ist die Sache abgesprochen,
Hat er sich jäh den Hals gebrochen.
Sein Tod läßt selbst die Witwe kalt,
Doch bitter weint der Rechtsanwalt.

Verpfuschtes Abenteuer

Ein Mensch geht in der Stadt spazieren
Und muß gar oft sein Herz verlieren
An Frauen, die nicht daran denken,
Ihm auch nur einen Blick zu schenken.
Warum, so fragt er sich im Gehen,
Kann mirs nicht auch einmal geschehen,
Daß dank geheimer Liebeskraft
Ein Wesen, hold und engelhaft,
Mißachtend strenger Sitten Hürde
Sich unverhofft mir nähern würde?
Kaum hat er so zu sich gesprochen,
Fühlt er sein Herz gewaltig pochen.
Denn sieh, die reizendste der Frauen
Naht sich voll lächelndem Vertrauen
Und sagt zu ihm errötend dies
»⌣ − ⌣ − ⌣ − ⌣ please?«
Der Mensch, der sowas nicht gelernt,
Hat hilflos stotternd sich entfernt.
Was nützt – Moral von der Geschicht –
Ein Engel, wenn er englisch spricht!

Die Antwort

Ein Mensch, der einen herzlos kalten
Absagebrief von ihr erhalten,
Von ihr, die er mit Schmerzen liebt,
Erwägt, was er zur Antwort gibt.
Mit Hilfe von Gedankensäure
Füllt er sich Bomben, ungeheure,
Beginnt ein Schreiben aufzusetzen,
Das dieses Weib in tausend Fetzen
(So graunvoll nämlich ist sein Gift!)
Zerreißen muß, wenn es sie trifft.
Genau die Sätze er verschraubt,
Bis er die Zündung wirksam glaubt.
Zum Schlusse aber schreibt er ihr:
»Ich liebe Dich. Sei gut zu mir!«

Einsicht

Ein Mensch, ein liebesselig-süßer,
Erfährt, daß er nur Lückenbüßer
Und die Geliebte ihn nur nahm,
Weil sie den andern nicht bekam.
Trotzdem läßt er sichs nicht verdrießen,
Das Weib von Herzen zu genießen.
Es nehmen, die auf Erden wandern,
Ja alle einen für den andern.

Ungleicher Kampf

Ein Mensch von innerem Gewicht
Liebt eine Frau. Doch sie ihn nicht.
Doch daß sie ihn nicht ganz verlöre,
Tut sie, als ob sie ihn erhöre.
Der Mensch hofft deshalb unverdrossen,
Sie habe ihn ins Herz geschlossen,
Darin er, zwar noch unansehnlich,
Bald wachse, einer Perle ähnlich.
Doch sieh, da kommt schon einszweidrei
Ein eitler junger Fant herbei,
Erlaubt sich einen kleinen Scherz,
Gewinnt im Fluge Hand und Herz.
Ein Mensch, selbst als gereifte Perle,
Ist machtlos gegen solche Kerle.

Ein Erlebnis

Ein Mensch erblickt ein Weib von fern
Und säh es aus der Nähe gern.
Er eilt herbei zu diesem Zweck,
Doch zwischen beiden liegt ein Dreck.
Der Mensch, ganz Auge, anzubeten,
Ist blindlings da hineingetreten.
Nicht angenehm für seine Schuhe –
Doch gut für seine Seelenruhe.

Der gekränkte Badegast

Ein Mensch, an sich mit Doktorgrad,
Geht einsam durchs Familienbad.
Dortselbst beäugt ihn mancher hämisch,
Der zweifellos nicht akademisch.
Der Mensch erkennt, hier gelte nur
Der nackte Vorzug der Natur,
Wogegen sich der schärfste Geist
Als stumpf und wirkungslos erweist,
Weil, mangels aller Angriffsflächen,
Es ihm nicht möglich, zu bestechen.
Der Mensch, der ohne Anschluß bleibt
An alles, was hier leibt und weibt,
Kann leider nur mit einem sauern
Hohnlächeln diese Welt bedauern,
Wirft sich samt Sehnsuchtsweh ins Wasser,
Verläßt es kalt, als Weiberhasser,
Stelzt quer durchs Fleisch mit strenger Miene
Auf spitzem Kies in die Kabine,
Zieht wieder, was er abgetan,
Die Kleider und den Doktor an
Und macht sich, weil er fehl am Ort,
Zwar nicht sehr geltend, aber fort.

Fremde Welt

Ein Mensch, als Tiefseefisch gebaut,
Ist mit der Finsternis vertraut.
Doch Sehnsucht treibt ihn dorthin bald,
Wo's nicht so dunkel und so kalt,
So daß er kühn nach oben schwimmt
In Kreise, nicht für ihn bestimmt.
Dort tummeln Fische sich umher,
Die weitaus schöner sind als er
Und die mit einer wunderleichten
Bewegtheit spielen hier im Seichten.
Der Mensch, vielmehr der Tiefseefisch,
Fühlt sich hingegen gar nicht frisch
Und ist, indem er glotzend staunt,
In dieser Welt nicht wohlgelaunt
Und kehrt, selbst fühlend, daß er stört,
Dorthin zurück, wo er gehört.
Womit sogar von Paradiesen
Die Rela-Tiefe ist bewiesen.

Erfolgloser Liebhaber

Ein Mensch wollt sich ein Weib erringen,
Doch leider konnts ihm nicht gelingen.
Er ließ sich drum, vor weitern Taten,
Von Fraun und Männern wohl beraten:
»Nur nicht gleich küssen, tätscheln, tappen!«
»Greif herzhaft zu, dann muß es schnappen!«
»Laß deine ernste Absicht spüren!«
»Sei leicht und wahllos im Verführen!«
»Der Seele Reichtum lege bloß!«
»Sei scheinbar kalt und rücksichtslos!«
Der Mensch hat alles durchgeprobt,
Hat hier sich ehrenhaft verlobt,
Hat dort sich süß herangeplaudert,
Hat zugegriffen und gezaudert,
Hat Furcht und Mitleid auferweckt,
Hat sich verschwiegen, sich entdeckt,
War zärtlich kühn, war reiner Tor,
Doch wie ers machte – er verlor.
Zwar stimmte jeder Rat genau,
Doch jeweils nicht für jede Frau.

Leiden und Lernen

Um vierzig herum

Ein Mensch, sich wähnend noch als junger,
Hat jetzt erst so den rechten Hunger
Und freut sich auf die gute Stunde,
Wo er vergnügt mit vollem Munde
Weinweibgesänglich sitzen dürfte
Und wo der bisher kaum geschlürfte,
Der Göttertrank der Daseinswonnen,
In vollen Strömen käm geronnen.
So rüstet er zum Lebensfeste –
Und sieht entsetzt die kargen Reste,
Die ihm, zu leben und zu lieben,
Für künftige Jahre noch geblieben.
Sich wähnend auf des Glückes Gipfel,
Schaut er der Wurst verlornen Zipfel.
Bereit zum ersten tiefen Zug,
Lechzt er in einen leeren Krug.
Da sitzt er, schüttelt stumm das Haupt,
Weil er es nie und nimmer glaubt,
Daß er sie selbst verzehret habe,
Die unerschöpflich reiche Labe.
Er kaut Erinnrung, saugt Vergessen –
Ist dreißig Jahr noch so gesessen …

Falsche Ernährung

Ein Mensch, den falscherweise meist
Man lebensüberdrüssig heißt,
Ist, und das macht den Fall erst schwierig,
In Wahrheit lebensübergierig,
So daß er jedes Maß vergißt
Und sich an Wünschen überfrißt.
Der Typ des reinen Hypochonders
Freut sich am Leben ganz besonders,
Unüberwindlich bleibt ihm nur
Die innere Zwietracht der Natur.
Oft wär er gerne dionysisch,
Doch er verträgts nicht, schon rein physisch.
Oft wär ihm sanftes Glück beschieden,
Doch fehlt es ihm an Seelenfrieden.
Da er nie ausnützt, was er hat,
Wird er vom Leben auch nicht satt,
So daß er bald nach Vielem greift,
Was ihm noch gar nicht zugereift,
Den Magen gründlich sich verdirbt
Und dann an Melan-kolik stirbt.

Schadhafte Leitung

Ein Mensch, der fühlt, wies immer klopft,
Merkt plötzlich: seine Seele tropft.
Und folgerichtig schließt er draus:
Sie hat ein Loch, sie rinnt ihm aus.
Und unverzüglich-unverzagt
Forscht er nun, wo es tropft und nagt.
Die Frage wird zuerst erledigt,
Ob er sie wie wo wann beschädigt.
Jedoch er ist, bei heiler Brust,
Sich keines solchen Falls bewußt.
Nun meint er, daß es etwa gelte,
Ob sie durch Wärme oder Kälte
Gewissermaßen selbst zersprungen?
Der Nachweis ist ihm nicht gelungen.
Wenn nicht die Hitze und der Frost,
Vielleicht, daß sie des Neides Rost,
Der Ehrsucht Säure angefressen?
Doch war auch dies nicht zu ermessen.
Undenkbar auch, daß sie an Wonnen
Geplatzt und somit ausgeronnen.
Doch während er so überlegt,
Tropft seine Seele unentwegt.
Die ausgelaufnen Seelensäfte
Zerlaugen seine besten Kräfte,
So daß er froh ist, wenn zum Schluß
Die Seele ganz verrinnen muß.
Hernach lebt er noch lange Zeit
In selbstzufriedner Trockenheit.

Rechtzeitige Einsicht

Ein Mensch sieht ein, daß wer, der stirbt,
Den andern nur den Tag verdirbt,
An dem, den Freunden zum Verdruß,
Er halt beerdigt werden muß.
Den ersten trifft's als harter Schlag:
»Natürlich! Samstag nachmittag!«
Der zweite ärgert sich nicht minder:
»Mit meinem schäbigen Zylinder?«
Der dritte sagt: »Paßt wie bestellt!
Im Westfriedhof, halb aus der Welt!«
Der vierte ringt mit dem Entschluß,
Ob einen Kranz er geben muß.
Der fünfte aber herzlos spricht:
»So nah stand er mir schließlich nicht!«
Der sechste denkt nach altem Brauch:
»Ein Beileidsschreiben tut es auch!«
Und rückhaltslos bekennt der siebte,
Daß er ihn überhaupt nicht liebte.
Zeit ists. Der Sarg wird zugenagelt.
Es regnet draußen, schneit und hagelt –
Kann sein auch, Julisonne sticht:
Mensch, das vergessen sie dir nicht!
Es spricht Kollege, Freund und Vetter
»Der damals? Bei dem Schweinewetter?!«
Der Mensch schreibt drum: Mein letzter Wille –
Beerdigt mich in aller Stille!

Vergebliche Mühe

Ein Mensch, der willens, lang zu leben,
Beschließt dem Tod zu widerstreben
Und a) durch strenges Selbstbelauern
Die Krisenzeit zu überdauern
Und b) zu hindern die Vermorschung
Durch wissenschaftlich ernste Forschung.
Zu letzterm Zwecke wird bezogen
Ein Horoskop beim Astrologen,
Um nicht bezüglich der Planeten
In eine falsche Bahn zu treten.
Ist so gebannt Saturnens Kraft,
Hilft weiterhin die Turnerschaft,
Die Rümpfe rollend, Kniee beugend,
Ganz zweifellos wirkt kräftezeugend.
Die Rohkost birgt das Vitamin;
Wein und Tabak, er gibt sie hin.
Auch gilts den Vorrat an Hormonen
In reiferm Alter streng zu schonen.
So braut er sich den Lebenssaft
Aus ausgekochter Wissenschaft.
Ein Mensch, wie dieser, muß auf Erden
Unfehlbar hundertjährig werden.
Das Schicksal aber, das nicht muß,
Macht unversehens mit ihm Schluß.

Der Schwarzseher

Ein Mensch denkt jäh erschüttert dran,
Was alles ihm geschehen kann
An Krankheits- oder Unglücksfällen,
Um ihm das Leben zu vergällen.
Hirn, Auge, Ohr, Zahn, Nase, Hals;
Herz, Magen, Leber ebenfalls,
Darm, Niere, Blase, Blutkreislauf
Zählt er bei sich mit Schaudern auf,
Bezieht auch Lunge, Arm und Bein
Nebst allen Möglichkeiten ein.
Jedoch, sogar den Fall gesetzt,
Er bliebe heil und unverletzt,
Ja, bis ins kleinste kerngesund,
Wär doch zum Frohsinn noch kein Grund,
Da an den Tod doch stündlich mahnen
Kraftfahrer, Straßen-, Eisenbahnen;
Selbst Radler, die geräuschlos schleichen,
Sie können tückisch dich erreichen.
Ein Unglücksfall, ein Mord, ein Sturz,
Ein Blitz, ein Sturm, ein Weltkrieg – kurz,
Was Erde, Wasser, Luft und Feuer
In sich birgt, ist nie ganz geheuer.
Der Mensch, der so des Schicksals Macht
Ganz haargenau bei sich durchdacht,
Lebt lange noch in Furcht und Wahn
Und stirbt – und niemand weiß, woran.

Beherzigung

Ein Mensch, der sich zu gut erschienen,
Als Vorstand dem Verein zu dienen,
Und der, bequem, sich ferngehalten,
Die Kasse etwa zu verwalten,
Der viel zu faul war, Schrift zu führen,
Kriegt einst der Reue Gift zu spüren.
Sein sechzigster Geburtstag naht –
Wo schreitet wer zur Glückwunschtat?
Tut dies am Ende der Verein?
Nur für ein unnütz Mitglied? Nein!
Kein Ständchen stramm, kein Festprogramm,
Auch kein Ministertelegramm,
Kein Dankesgruß der Bundesleitung
Und keine Zelle in der Zeitung.
Wird etwa gar dann sein Begräbnis
Ihm selbst und andern zum Erlebnis?
Sieht man dortselbst Zylinder glänzen?
Schwankt schwer sein Sarg hin unter Kränzen?
Spricht irgendwer am offnen Grabe,
Was man mit ihm verloren habe?
Entblößt sich dankbar eine Stirn?
Läßt eine Hand im schwarzen Zwirn
Auf seinen Sarg die Schollen kollern
Bei Fahnensenken, Böllerbollern? –
An seinem Grab stehn nur der Pfarrer
Und die bezahlten Leichenscharrer.
Der Mensch, der dies beschämend fand,
Ward augenblicks Vereinsvorstand.

Rätselhafte Zuversicht

Ein Mensch, der weiß, daß er zum Schluß –
Sit venia verbo – sterben muß
Und daß er, ach, nach wenig Tagen
Maustot und stumm auf seinem Schragen
Als Leichnam daliegt, als ein gelber,
Verhehlt dies peinlich vor sich selber
Und hält – das ist seit Adam erblich –
Sich ausgerechnet für unsterblich.
Millionen starben um ihn her
Durch Krankheit oder Schießgewehr
Und endeten auf tausend Arten
Vorzeitig ihre Lebensfahrten.
Die Welt war beinah schon zertrümmert:
Der Mensch lebt weiter, unbekümmert,
Der Raupe gleich, die frißt und frißt
Und alles ringsherum vergißt,
Bis eines Tags sie ausgefressen –
Dann ist sie ihrerseits vergessen,
Und andre, auch unsterblich-heiter,
Kaun an dem ewigen Undsoweiter.

Umwertung aller Werte

Ein Mensch von gründlicher Natur
Macht bei sich selber Inventur.
Wie manches von den Idealen,
Die er einst teuer mußte zahlen,
Gibt er, wenn auch nur widerwillig,
Weit unter Einkaufspreis, spottbillig.
Auf einen Wust von holden Träumen
Schreibt er entschlossen jetzt: »Wir räumen!«
Und viele höchste Lebensgüter
Sind nur mehr alte Ladenhüter.
Doch ganz vergessen unterm Staube
Ist noch ein Restchen alter Glaube,
Verschollen im Geschäftsbetriebe
Hielt sich auch noch ein Quentchen Liebe,
Und unter wüstem Kram verschloffen
Entdeckt er noch ein Stückchen Hoffen.
Der Mensch, verschmerzend seine Pleite,
Bringt die drei Dinge still beiseite
Und lebt ganz glücklich bis zur Frist,
Wenn er noch nicht gestorben ist.

Vorschnelle Gesundung

Ein Mensch, der lange krank gewesen,
Ist nun seit Jahr und Tag genesen,
Bewegt sich fröhlich in der Stadt,
Darin er viel Bekannte hat.
Doch jedermann, der ihn erblickt,
Ist höchst erstaunt, ja, er erschrickt:
»Was?« ruft er und sucht froh zu scheinen,
»Sie sind schon wieder auf den Beinen?
Ich dachte doch ... ich hörte neulich ...
Na, jeden Falles – sehr erfreulich!«
Er zeigt zu Diensten sich erbötig,
Die Gottseidank jetzt nicht mehr nötig,
Und ärgert sich im tiefsten Grund
Darüber, daß der Mensch gesund,
Statt auszuharren still im Bette,
Bis er – vielleicht – besucht ihn hätte.

Versagen der Heilkunst

Ein Mensch, der von der Welt Gestank
Seit längrer Zeit schwer nasenkrank,
Der weiterhin auf beiden Ohren
Das innere Gehör verloren,
Und dem zum Kotzen ebenfalls
Der Schwindel raushängt schon zum Hals,
Begibt sich höflich und bescheiden
Zum Facharzt für dergleichen Leiden.
Doch dieser meldet als Befund,
Der Patient sei kerngesund,
Die Störung sei nach seiner Meinung
Nur subjektive Zwangserscheinung.
Der Mensch verlor auf dieses hin
Den Glauben an die Medizin.

Freud-iges

Ein Mensch erfand – Dank ihm und Lob –
Das Psychoanalysoskop,
In dem nun jeder deutlich nah
Die seelischen Komplexe sah.
So zeigten die bekannten Grillen
Jetzt einwandfrei sich als Bazillen.
Und was man hielt für schlechte Launen,
War wissenschaftlich zu bestaunen
Als Spaltpilz (siehe Schizophyt),
Der schädlich einwirkt aufs Gemüt.
Der Mensch erfand nun auch ein Serum
Aus dem bekannten nervus rerum,
Und es gelang in mehrern Fällen
Die Seelen wiederherzustellen.
Nur ist es teuer – und die meisten,
Die's brauchten, können sichs nicht leisten.

Vergebliches Heldentum

Ein Mensch, sonst von bescheidnem Glücke,
Merkt plötzlich, daß mit aller Tücke
Aushungern ihn das Schicksal will:
Es wird um ihn ganz seltsam still,
Die kleinsten Dinge gehn ihm schief,
Die Post bringt nie mehr einen Brief,
Es schweigt sogar das Telefon,
Die Freunde machen sich davon,
Die Frauen lassen ihn allein,
Der Steuerbote stellt sich ein,
Ein alter Stockzahn, der links oben,
Fängt unvermutet an zu toben,
Ein Holzschnitt, für viel Geld erworben,
Ist, wie er jetzt erst merkt, verdorben
Und auch kein echter Toyokuni;
Es regnet, hagelt, schneit im Juni,
Die Zeitung meldet schlimme Sachen,
Kurzum – der Mensch hat nichts zu lachen.
Er lacht auch nicht. Jedoch er stellt
Dem tückischen Schicksal sich als Held:
Auf Freund und Frau verzichtet er,
Das Telefon vernichtet er,
Umgehend zahlt er seine Steuer,
Den Holzschnitt wirft er in das Feuer
Und reißen läßt er sich den Zahn:
Was menschenmöglich, ist getan.
Und trotzdem geht es schlimm hinaus:
Das Schicksal hält es länger aus.

Der Maßlose

Ein Mensch, der manches liebe Jahr
Zufrieden mit dem Dasein war,
Kriegt eines Tages einen Koller
Und möchte alles wirkungsvoller.
Auf einmal ist kein Mann ihm klug,
Ist keine Frau ihm schön genug.
Die Träume sollten kühner sein,
Die Bäume sollten grüner sein,
Schal dünkt ihn jede Liebeswonne,
Fahl scheint ihm schließlich selbst die Sonne.
Jedoch die Welt sich ihm verweigert,
Je mehr er seine Wünsche steigert.
Er gibt nicht nach und er rumort,
Bis er die Daseinsschicht durchbohrt.
Da ist es endlich ihm geglückt –
Doch seitdem ist der Mensch verrückt.

Es bleibt sich gleich

Ein Mensch, der schrecklich Zahnweh hat,
Gibt gern dem frommen Wunsche statt,
Es möchte seines Schmerzes Quelle
Verlagern sich an andre Stelle.
Er hält es nämlich für gewiß,
Nichts quäle so wie das Gebiß.
Gerührt von seinen bittren Tränen,
Entfährt der Teufel seinen Zähnen
Und rückt den freigewordnen Schmerz
Dem Wunsch entsprechend anderwärts.
Der Mensch, nunmehr mit Hämorrhoiden,
Ist ausgesprochen unzufrieden
Und sucht den Teufel zu bewegen,
Den Schmerz von neuem zu verlegen.
Daß man die gute Absicht sehe,
Schlüpft nun der Teufel in die Zehe.
Der Mensch, geschunden ungemindert,
Fühlt sich noch obendrein behindert,
Im Bette muß er liegen still
Und kann nicht hingehn, wo er will.
Jedoch nach den gehabten Proben
Läßt er den Schmerz geduldig toben –
Und das beruhigt ihn am ehsten:
Denn, wo's grad weh tut, tuts am wehsten!

Eitler Wunsch

Ein Mensch, der einen Glückspilz sieht,
Dem alles ganz nach Wunsch geschieht,
Verlangt vom lieben Gott das gleiche,
Daß er auch mühelos erreiche
Die schönen Sachen dieser Welt.
Und Gott, dem zwar der Wunsch mißfällt,
Beschließt in seinem wunderbaren
Ratschluß, ihm scheinbar zu willfahren.
Der Mensch, der sonst mit Herzenskräften
Und stark gebrauten Seelensäften
Der spröden Welt das abgewonnen,
Was sie zu schenken nicht gesonnen,
Spürt jäh, wie sehr er sich auch stemmt,
Vom Glanz der Welt sich überschwemmt.
Das ganze Bollwerk der Gedanken
Beginnt vor diesem Schwall zu schwanken,
Mühsam gehegte Herzensfrucht
Reißt wild mit sich die Wogenwucht.
In solcher Not wird es ihm klar,
Wie töricht sein Verlangen war.
Von nun an lebt er höchst bescheiden
Im Rebenhag der eignen Leiden
Und keltert sich, in milder Sonne
Gereift, den Wein der eignen Wonne.

Einleuchtende Erklärung

Ein Mensch, der sich sehr schlecht benahm,
Spürt zwar in tiefster Seele Scham.
Jedoch, sofern er kein Gerechter,
Benimmt er fortan sich noch schlechter,
Weil du für seine falsche List
Ein, wenn auch stummer, Vorwurf bist.
Dies ist der Grundsatz, dem er huldigt:
»Es klagt sich an, wer sich entschuldigt!«
Auch ist ihm dieser Wahlspruch lieb:
»Die beste Abwehr ist der Hieb!«
Und, da er dich einmal beleidigt,
Bleibt ihm nur, daß er sich verteidigt,
Indem er, sich in dir betrachtend,
In dir sein Spiegelbild verachtend,
Dasselbe zielbewußt verrucht
Endgültig zu zertrümmern sucht.

Seelische Gesundheit

Ein Mensch frißt viel in sich hinein:
Mißachtung, Ärger, Liebespein.
Und jeder fragt mit stillem Graus:
Was kommt da wohl einmal heraus?
Doch sieh! Nur Güte und Erbauung.
Der Mensch hat prächtige Verdauung.

Lebensgefühl

Ein Mensch weiß aus sich selbst nicht gleich,
Was heiß und kalt, was hart und weich.
Doch schon bei einiger Bejahrung
Hat er die nötige Erfahrung.
Er lernt dann, oft mit Hilfe Dritter,
Daß Hoffnung süß, Enttäuschung bitter,
Daß Arbeit sauer, Alltag fade,
Kurz, des Geschmackes höhere Grade.
Doch wie schlechthin das Leben schmeckt,
Hat bis zum Tod er nicht entdeckt.

Grenzfall

Ein Mensch war eigentlich ganz klug
Und schließlich doch nur klug genug,
Um einzusehen, schmerzlich klar,
Wie blöd er doch im Grunde war.
Unselig zwischen beiden Welten,
Wo Weisheit und wo Klugheit gelten,
Ließ seine Klugheit er verkümmern
Und zählt nun glücklich zu den Dümmern.

Das Mitleid

Ein Mensch, den andre nicht gern mögen,
Den von des Lebens Futtertrögen
Die Glücklicheren, die Starken, Großen
Schon mehr als einmal fortgestoßen,
Steht wieder mal, ein armes Schwein,
Im Kampf ums Dasein ganz allein.
Daß er uns leid tut, das ist klar:
Sofern es unser Trog nicht war ...

Vorschlag

Ein Mensch, der es zwar täglich sieht,
Was alles auf der Welt geschieht,
Und ders erfuhr durch eigne Qual,
Die Erde sei ein Jammertal,
Möcht doch, der armen Welt zum Spott,
So herrlich leben wie ein Gott.
Doch ist dann meist die Sache die:
Er stirbt noch schlechter als ein Vieh.
Er sollte nur die Kunst erwerben,
Als Mensch zu leben und zu sterben.

Für Wankelmütige

Ein Mensch, der alle Menschen plagt
Und sie um ihre Meinung fragt,
Was sie an seiner Stelle täten,
Steht nun bepackt mit guten Räten
Und ist mit weggeliehnem Ohr
Noch unentschlossner als zuvor.
Denn dies ist seines Unglücks Quelle,
Daß keiner ja an seiner Stelle,
Wo es um die Entscheidung geht,
Von jenen andern wirklich steht,
Nein, daß ein jeder nur die Gründe
Erwogen, falls er dorten stünde.
Der Mensch zieht draus den klaren Schluß,
Daß man sich selbst entscheiden muß.

Für Fortschrittler

Ein Mensch liest staunend, fast entsetzt,
Daß die moderne Technik jetzt
Den Raum, die Zeit total besiegt:
Drei Stunden man nach London fliegt.
Der Fortschritt herrscht in aller Welt.
Jedoch, der Mensch besitzt kein Geld.
Für ihn liegt London grad so weit
Wie in der guten alten Zeit.

Für Moralisten

Ein Mensch hat eines Tags bedacht,
Was er im Leben falsch gemacht,
Und fleht, genarrt von Selbstvorwürfen,
Gutmachen wieder es zu dürfen.
Die Fee, die zur Verfügung steht,
Wenn sichs, wie hier, um Märchen dreht,
Erlaubt ihm dann auch augenblicks
Die Richtigstellung des Geschicks.
Der Mensch besorgt dies äußerst gründlich,
Merzt alles aus, was dumm und sündlich.
Doch spürt er, daß der saubern Seele
Ihr innerlichstes Wesen fehle,
Und scheußlich gehts ihm auf die Nerven:
Er hat sich nichts mehr vorzuwerfen,
Und niemals wird er wieder jung
Im Schatten der Erinnerung.
Dummheiten, fühlt er, gibts auf Erden
Nur zu dem Zweck, gemacht zu werden.

Kleiner Unterschied

Ein Mensch, dem Unrecht offenbar
Geschehn von einem andern war,
Prüft, ohne eitlen Eigenwahn:
Was hätt in dem Fall ich getan?
Wobei er feststellt, wenns auch peinlich:
Genau dasselbe, höchstwahrscheinlich.
Der ganze Unterschied liegt nur
In unsrer menschlichen Natur,
Die sich beim Unrecht-Leiden rührt,
Doch Unrecht-Tun fast gar nicht spürt.

Lebenszweck

Ein Mensch, der schon als kleiner Christ
Weiß, wozu er geschaffen ist:
»Um Gott zu dienen hier auf Erden
Und ewig selig einst zu werden!« –
Vergißt nach manchem lieben Jahr
Dies Ziel, das doch so einfach war,
Das heißt, das einfach nur geschienen:
Denn es ist schwierig, Gott zu dienen.

Inhaltsverzeichnis

Abenteuer und Eulenspiegeleien

Der Ofen	9
Hilflosigkeiten	10
Besorgungen	11
Der Gast	12
Die guten Bekannten	13
Richtig und falsch	14
Voreilige Grobheit	15
Verdorbener Abend	16
Falscher Verdacht	17
Übereilte Anschaffung	18
Immer höflich	18
Geduldsprobe	19
Gut gedrillt	20
Nutzlose Qual	21
Das Schnitzel	21
Vorsicht	22
Ein Ausweg	22
So ist das Leben	23
Traumbegegnung	24
Phantastereien	25
Ein Experiment	26
Der starke Kaffee	27
Unter Aufsicht	28
Der Pfründner	28
Schlüpfrige Dinge	29
Voreilig	29
Unglaubwürdige Geschichte	30
Billige Reise	31
Der Lebenskünstler	32
Verwickelte Geschichte	33
Das Sprungbrett	34
Beim Einschlafen	35
Sprichwörtliches	35
Die Torte	36
Man wird bescheiden	36

Literatur und Liebe

Verkannte Kunst	39
Kunst	39
Unerwünschter Besuch	40
Verhinderter Dichter	41
Entbehrliche Neuigkeiten	41
Hoffnungen	42
Bücher	43
Der Nichtskönner	44
Gutes Beispiel	45
Der Rezensent	45
Briefe, die ihn nicht erreichten…	46
Arbeiter der Stirn	47
Der Kenner	48
Theaterbilletts	49
Gefahrvoller Ritt	50
Kleine Ursachen	51
Zirkus Liebe	52
Waidmannsheil	53

Gezeiten der Liebe	54	Der Schwarzseher	70
Hereinfall	55	Beherzigung	71
Bühne des Lebens	56	Rätselhafte Zuversicht	72
Für Architekten	56	Umwertung aller Werte	73
Für Juristen	56	Vorschnelle Gesundung	74
Verpfuschtes Abenteuer	57	Versagen der Heilkunst	75
Die Antwort	58	Freud-iges	76
Einsicht	58	Vergebliches Heldentum	77
Ungleicher Kampf	59	Der Maßlose	78
Ein Erlebnis	59	Es bleibt sich gleich	79
Der gekränkte Badegast	60	Eitler Wunsch	80
Fremde Welt	61	Einleuchtende Erklärung	81
Erfolgloser Liebhaber	62	Seelische Gesundheit	81
		Lebensgefühl	82
		Grenzfall	82
Leiden und Lernen		Das Mitleid	83
		Vorschlag	83
Um vierzig herum	65	Für Wankelmütige	84
Falsche Ernährung	66	Für Fortschrittler	84
Schadhafte Leitung	67	Für Moralisten	85
Rechtzeitige Einsicht	68	Kleiner Unterschied	86
Vergebliche Mühe	69	Lebenszweck	86